빛의 **속도**는 어떻게 잴까?

민음 바칼로레아 029

빛의 속도는
어떻게 잴까?

장루이 보뱅 | 곽영직 감수 | 김희경 옮김

민음in

● 일러두기

1 본문 가장자리에 있는 사과 🍎 는 이 책을 통해 반드시 이해해야 하는
  핵심 개념을 표시한 것입니다.

2 본문 아래쪽의 주는 독자들이 본문 내용을 쉽게 이해할 수 있도록 한국어판에 특별히 붙인 것입니다.

3 인명 및 지명 표기는 한글 맞춤법 통일안 및 외래어 표기 규정을 따랐습니다.

4 본문에 사용한 부호 및 기호의 뜻은 다음과 같습니다.

　— 전집, 단행본: 『　』

　— 신문, 잡지: 《　》

　— 개별 작품, 논문, 기사: 「　」

질문 : 빛의 속도는 어떻게 잴까?

다음은 빛의 속도와 그 측정의 역사에 대한 가상 인터뷰이다.

"옛날 사람들은 빛의 속도가 얼마나 되는지 몰랐겠죠?"

"네, 현재 우리가 알고 있는 빛의 속도를 우리 조상들은 몰랐습니다. 인류는 오랫동안 '과연 빛에도 속도가 있을까?' 하는 의문을 품었지요."

"빛에 속도가 있다는 생각을 아예 하지 못했던 거군요?"

"그렇지요. 2000년 동안은 빛이 순간적으로 전달된다는 생각이 지배적이었습니다. 17세기에 들어서야 한 천문학자가 빛도 유한한 속도로 전파된다는 것을 증명했습니다. 그다음부터 비로소 빛의 속도가 정확히 얼마인지 알아내려는 측정의 시대가 시작되었지요. 1650년부터 최근에 이르기까지 많은 물리학자들이 빛의 속도를 측정하는 데 공헌해 왔습니다."

"빛의 속도가 대략 초속 30만 킬로미터라고 하는데, 어떻게 해서 이런 수치가 나왔을까요?"

"1983년 제17회 국제 도량형 총회에서 빛의 속도는 진공 속에서 정확히 초속 2억 9979만 2458미터라고 공인했습니다."

"정확하다고 하셨습니까? 하지만 물리학에서 크기를 말할 땐 항상 오차 범위가 있는 것 아닙니까?"

"맞습니다. 그러나 크기가 본질적인 것이라고 인정될 때는 예외입니다. 과학자들의 견해에 의하면, 빛의 속도가 이 경우에 해당됩니다. 진공 속에서 빛의 속도가 가지는 특성 때문이지요."

"이 값이 정말 정확하다고 할 수 있습니까?"

"아인슈타인은 특수 상대성 이론에서 진공 중에서 빛의 속도는 항상 일정하다는 것을 발견했습니다. 이는 그후 여러 과학자들의 실험에서 확인되었습니다. 현재 우리가 알고 있는 빛의 속도는 이런 이론적인 틀 안에서만 정확할 뿐입니다."

"그런데 왜 아홉 자리 숫자입니까?"

"1970년대에 기술이 발달하여 정밀한 측정을 했는데, 그 결과의 최대 근사치를 편의상 채택한 것이지요. 이 값은 오차가 초속 2미터를 넘지 않습니다. 1983년 국제 도량형 총회의 결정에 의해, 고대로부터 시작되었던 빛의 속도에 대한 오랜 토론에 잠정적으로나마 종지부를 찍게 된 것입니다."

1

옛날에는 빛이 어떻게 전달된다고 생각했을까?

왜 빛에 속도가 없다고 생각했을까?

프랑스어에서 '햇빛을 보다(voir le jour)'와 '태어나다(naître)'는 동의어이다. 엄마의 자궁 속에서 빠져나와 처음 빛을 본 이후 지금까지, 우리는 빛을 통해 외부 세계를 인식하고 있다. 그렇다면 사물이 눈을 통해 뇌까지 전달되는 과정은 어떻게 진행될까?* 시각 전달 과정에 대한 실험이 이루어지기 이전의 수천 년 동안, 사람들은 몇 안 되는 근거에 입각해 갖가지 추론을 하며 이 질문에 답하려 노력해 왔다.

오랫동안 사람들은 '색이란 무엇인가?' (사실 이 질문은 빛의

• • • •

인간의 시지각 과정 이에 대해서는 이 책과 같은 시리즈에 속한 『우리는 어떻게 볼까?』를 참조하라.

성질과 관련이 있다.)라는 질문에 대해, '흰색은 순수의 상징이다.'와 같이 비과학적이고 은유적인 표현을 통해 대신 답해 왔다. 그렇다면 흰색에는 본질적인 성질이 없다는 말인가? 그렇지 않다. 결론을 이야기하면, 아이작 뉴턴*은 흰색이 혼합된 색, 즉 모든 색이 합쳐진 결과물임을 증명했다.

수천 년을 이어져 내려온 또 다른 의문은 빛의 전달 속도에 관한 것이다. 빛은 너무 빨리 전달되는 바람에 우리가 미처 그 과정을 인식할 수 없다. 때문에 사람들은 '빛이 순간적으로 전달되는 것은 아닐까?' 하고 생각했다. 정확한 측정 수단이 없었던 고대인들은 잘못된 선입견에 사로잡히기 쉬웠고, 주변 현상에 대해 직접 관찰한 내용을 근거로 추론할 수밖에 없었다. 그래서 어두운 방 안에 있다가 갑자기 창문을 열어 빛이 들어오게 하면 방 전체가 순식간에 밝아진다든가, 태양이 떠오르면 모든 경치가 일순간 눈에 들어온다든가 하는 현상을 바탕으로, 빛이 순간적으로 전달된다는 결론을 내렸다.

● ● ●

아이작 뉴턴(1642~1727) 영국의 물리학자 · 수학자 · 천문학자. 만유인력의 법칙, 운동 법칙, 유분법 등 물리학, 천문학, 수학 분야에서 두드러지는 발견을 했으며, 자연을 기계론적으로 바라보는 역학적 세계관으로 근대 사상과 과학의 확립에 큰 역할을 했다. 대표적인 저서로 『자연 철학의 수학적 원리』가 있다.

고대인들은 시각 현상이 현대의 레이더*와 유사한 메커니즘으로 이루어진다고 생각했다. 시각이란 광원(光源)에서 나오는 빛을 눈으로 받아 외부 물체를 향해 발사하고, 그 물체의 정보가 우리 눈에 다시 반사되는 과정으로 이루어진다는 것이다. 실제로 우리가 어떤 물체를 바라볼 때, 그 물체의 정보를 반사되어 돌아오는 빛을 통해 감지할 수 있다. 따라서 거리가 멀든 가깝든 상관없이 눈을 뜨는 동시에 주변의 모든 것을 볼 수 있다. 이것은 우리가 빛의 무한 속도에 익숙해져 있다는 뜻이다.

일부러 태양을 바라보지 않더라도 우리 주변에는 태양빛이 충만하다. 우리에게 빛을 주는 주 광원은 태양이지만, 별이나 불과 같은 다른 광원들도 우리를 향해 빛을 발한다. 이 중에 어떤 빛은 다른 물체들에 의해서 중간에 차단되기도 한다.

빛은 투명한 물체를 통과하지만 그 물체에 영향을 주어 변형시키지는 않는다. 또한 빛은 우리가 인식하기도 전에 순간적으로 전달된다. 이런 이유 때문에, 사람들은 빛의 운동이 물질이나 시간과 관계없이 이루어진다고 생각하게 되었다.

● ● ● ●

레이더 목표 물체를 향하여 마이크로파를 발사하고 그 반사파를 받아서 물체를 찾아내는 장치.

더군다나 최고의 권위자인 아리스토텔레스*가 그렇게 주장했기 때문에, 많은 사람들은 빛이 순간적으로 전달된다는 생각을 보편적으로 받아들이게 되었다. 이러한 통념은 그 후 2000년 동안 과학계를 지배해 왔다.

빛에 속도가 있다는 의견도 있었을까?

하지만 고대에도 이러한 생각에 이의를 제기하는 사람들은 꾸준히 있었다.

아리스토텔레스는 자신의 생각과 다른 가설들을 논박하면서 엠페도클레스*의 가설을 인용했다. 그에 따르면, 엠페도클

● ● ●

아리스토텔레스(B.C.384~B.C.322) 고대 그리스의 철학자로 플라톤의 제자이다. 생물학과 자연 철학을 강조하는 그의 철학은 후세에 많은 영향을 끼쳤으며 약 2000년 동안 서구 세계의 사고를 지배했다. 빛의 파동설을 내세워, 빛이란 어떤 매질 속을 이동하는 파동의 일종이라고 주장했다. 저서에는 『형이상학』, 『오르가논』, 『자연학』, 『사학』 등이 있다.

엠페도클레스(?B.C.490~?B.C.430) 고대 그리스의 철학자. 우주의 만물은 흙, 물, 공기, 불의 네 원소로 이루어지며 이것들이 사랑과 미움의 힘으로 결합하고 분리하여 여러 가지 사물이 태어나고 멸망한다고 주장하였다.

빛의 속도에 대한 논의는 고대로부터 시작되어 중세를 거치면서 점차 발전했다.

레스는 빛이 전달될 때 매우 짧은 시간 간격이 있어서 이를 간파할 수 있을 것이라고 주장했다.

또한 에피쿠로스*는 모든 물체를 구성하는 원자로부터 그 물체의 정보를 갖고 있는 입자가 나온다고 생각했다. 현대 사상의 선구자인 그는 원자보다 빠른 입자, 즉 이성으로 생각할 수 있는 모든 차원을 넘어서는 최고 속도를 갖춘 입자가 있을 것이라고 가정했다.

순전히 추리에만 의존한 이러한 논의들은 쳇바퀴 돌듯 중세 이전까지 계속되었다. 아리스토텔레스의 가르침을 따라 연역적 방법으로 접근했을 때 이 논제는 부질없는 것이어서 명확한 결론을 내릴 수가 없었던 것이다. 그러다가 중세에 이르러서야 우리 감각이 느끼기에는 빛의 속도가 너무 빠른 것일 뿐이라는 생각을 겨우 하기 시작했다.

10세기경 동양에서 아주 흥미로운 견해가 대두되었다. 당시의 아주 유명한 사상가였던 페르시아의 이븐시나*는, 광원이 빛의 입자들을 방사한 결과 우리가 빛을 인식할 수 있으며 이

● ● ●

에피쿠로스(B.C.341~B.C.270) 고대 그리스의 철학자. 원자론에 기초를 둔 에피쿠로스 학파를 창시하였다. 저서에 『자연에 대하여』가 있다.

런 방사 물질은 필연적으로 속도가 유한하다고 주장했다.

이븐시나보다는 덜 알려졌지만 그와 동시대 사람인 알하젠
은, 관찰과 경험에 근거하여 광학(光學)을 심도 있게 연구했다.
그는 1270년에 라틴어로 번역된 개론서 『알하젠의 광학 사전』
을 남겼는데, 이 책에서 그는 빛의 전달 조건과 시력의 조건을
구분했으며, 빛 개념과 광선속 개념을 끌어냈다. 이븐시나와
마찬가지로 그 역시 빛이 '시간 안에서', 즉 유한 속도로 전달
된다는 의견을 지지했다.

하지만 몇 세기가 지나도록 사람들은 빛이 순간적으로 전달
된다는 생각을 버리지 않았다. 예를 들어 케플러는 빛이 순식
간에 무한까지 전달되는 무형의 형질이라고 말했다. 그러나 데
카르트는 의견이 달랐다. 그는 『굴절 광학』에서 이븐시나와

● ● ●

이븐시나(980~1037) 흔히 아비센나라고 불리는 페르시아 태생의 의사이자 철
학자로 이슬람 신비주의자이다. 아리스토텔레스 학문의 대가로 중세 유럽의 철학
및 의학에 많은 영향을 주었다. 저서에 『의학 전범』, 『치유의 책』 등이 있다.

알하젠(?965~?1039) 이라크 출신의 이슬람 과학자로 '광학의 아버지'로 불린
다. 90여 권에 이르는 저서를 남겼으며, 그중에서 『광학 사전』이 가장 유명하다.

광선속 빛 에너지가 전파되는 경로를 나타내는 다발들의 묶음을 말한다.

케플러(1571~1630) 독일의 천문학자. 화성에 관한 정밀한 관측 기록을 기초로
화성의 운동이 태양을 중심으로 하는 타원 운동임을 확인하고, 혹성의 운동에 관
한 케플러의 법칙을 발견하는 등 근대 과학 발전의 선구자가 되었다.

비슷한 견해를 펼쳤다.

그러나 데카르트 역시 월식을 관찰하고 나서는 생각이 바뀌어, 빛이 즉각적으로 전달된다고 결론을 내렸다. 월식은 달과 태양 사이에 지구가 들어가 지구의 그림자에 달이 가려지는 현상인데, 빛이 속도가 있다면 지구의 그림자는 원래보다 지연되어 나타날 수밖에 없다. 하지만 이 같은 지연 현상은 너무 순간적으로 일어나기 때문에 데카르트의 시대에는 이를 알아차리지 못했던 것이다. 동시대인들처럼 데카르트 역시, 빛의 속도가 현재 우리가 알고 있는 것처럼 커다란 값을 가질 거라고는 생각하지 못했다.

이후 학자들은 천체의 운행을 주의 깊게 관찰하면서 빛의 유한 속도를 증명할 방법을 찾게 된다. 그러다가 17세기 후반에 드디어 그때까지 알려진 모든 방법을 동원해 철저하게 천체의 운행을 관측한 결과, 지구의 그림자 지는 속도와 관련된 월식의 원리를 확인할 수 있었다.

● ● ●

데카르트(1596~1650) 프랑스의 수학자이자 철학자. 근대 철학의 아버지라 불리며, 해석 기하학의 창시자이다. 그는 모든 것을 회의한 다음, 이처럼 회의하고 있는 자기 존재는 명석하고 분명한 진리라고 보고, '나는 생각한다. 고로 존재한다.'라는 명제를 자신의 철학적 기초로 삼았다. 저서에 『방법 서설』, 『성찰』 등이 있다.

2

천문학자들은 어떻게
빛의 속도에 접근했을까?

빛의 속도를 어떻게 측정할까?

속도란 거리를 시간으로 나눈 것이다. 속도를 직접 측정하는 방법에는 크게 두 가지가 있다. 첫 번째로 자동차 주행 거리계처럼 일정한 시간 동안 움직인 길이를 계산하는 방법이 있고,(자동차 주행 거리계는 바퀴의 회전수를 따져 속도를 계산한다.) 다음으로 주어진(또는 기준이 되는) 길이를 통과하는 데 소요된 시간을 측정하는 방법이 있다.

공중을 지나가는 어떤 물체의 속도를 측정할 때는, 감지기를 시계 두 개에 동시에 연결하는 방법을 쓴다. 이 물체가 기준이 되는 양극을 통과하는 순간을 표시하는 것이다. 가령, 빛의 속도를 재려면 광원 앞에 셔터를 놓으면 된다. 이때 셔터는 아주 짧은 시간 안에 광선속을 통과시키거나 차단할 수 있어야 한다. 이 상태에서 셔터를 열면 빛이 빠져나와 한쪽 기준점에서 다른 쪽 기준점에 도달한 순간을 측정할 수 있다.

갈릴레이°는 빛의 속도를 재는 데 이 원리를 처음으로 적용하고자 했던 사람이다. 그는 고작 몇백 미터에서 길어야 몇 킬로미터 거리에서 이 방법을 시도했다. 하지만 그의 노력은 수포로 돌아갔다. 갈릴레이는 자신이 실패한 이유에 대해 빛의 전달이 순간적으로 이루어지기 때문이거나, 아니면 빛의 속도가 너무 빨라 이 방법으로는 포착할 수 없기 때문이라고 결론을 내렸다. 물론 둘 중 어느 쪽이 진실인지는 확실히 몰랐기 때문에 단정 지어 말하진 않았다.°

●●●

갈릴레이(1564~1642) 이탈리아의 천문학자·수학자·물리학자. 진자의 등시성, 관성의 법칙, 지동설의 확립 등 과학사에서 중요한 발견을 여러 번 했으며, 중대한 법칙의 시초를 마련한 학자이다. 그 생애 또한 많은 문학 작품의 소재가 될 정도로 독특했다.

갈릴레이의 실험 갈릴레이는 빛의 유한 속도를 증명하기 위해 자기의 조수를 2킬로미터 떨어진 맞은편 산봉우리 위에 세웠다. 그리고 두 사람 모두 램프를 켜서 덮개로 덮은 다음, 갈릴레이가 먼저 램프의 덮개를 벗기면 이를 멀리서 관측한 조수가 즉시 자기의 램프 덮개를 벗기도록 했다. 갈릴레이는 조수로부터 램프 불빛이 되돌아올 때까지의 시간 차를 측정하여 빛의 속도를 알고자 했다. 사람이 불빛을 보고 덮개를 벗기는 데 걸리는 시간까지 계산에 넣고 거리를 변화시켜 가며 같은 실험을 반복했으나, 그 차이가 거의 드러나지 않아서 빛의 속도는 거의 무한하다는 결론만 얻게 되었다.

광속 측정의 토대는 어떻게 마련되었을까?

갈릴레이의 위성 발견

갈릴레이의 실험 방법으로는 빛이 무한 속도를 가진다는 주장, 즉 빛이 시간차 없이 즉시 전달된다는 주장을 반증할 수 없었다. 극도로 짧은 시간을 측정할 수가 없었기 때문이다. 그래서 사람들은 새로운 방법을 모색하기 시작했다. 일단 몇 킬로미터 정도와는 비교도 안 될 만큼 긴 거리를 확보하여 빛이 측정 지점에 도달하는 데 더 오랜 시간이 걸리도록 만들어야 했다.

실제로 빛이 달리는 시간을 측정할 정도가 되려면, 지구 밖에서 두 개의 기준점을 구해 그 사이로 빛이 달리도록 해야 했다. 또한 빛을 통과시키거나 막을 수 있는 셔터와, 정확하고 믿을 수 있는 시계를 가지고 있어야 했다. 다행히도 태양 중심설, 즉 지동설을 널리 전파했던 갈릴레이가 그러한 기준점과 셔터를 제공했다.

1610년 1월에 갈릴레이는 처음으로 목성의 위성 네 개를 발견했다. 이 발견은 사람들에게 커다란 충격을 주었다. 이미 알려져 있던 달, 태양, 수성, 금성, 화성, 목성, 토성에 이 위성들이 추가됨으로써 천체에 부여했던 고유의 번호 체계가 흔들렸던 것이다. 뿐만 아니라 이것은 행성과 유사한 물체가 지구 아닌 다른 것을 중심으로 회전하고 있다는 의미이기도 해서, 지구 중심설이 다시 도마 위에 오르는 계기가 되기도 했다.

과학의 역사라는 맥락에서 보면 매우 다행스럽게도, 목성의 위성들은 철학적 논제 그 이상의 역할을 했다. 목성의 위성들은 태양과 달의 시운동●과 함께 자연의 또 다른 시계로 불릴 만큼 규칙적인 움직임을 보였다. 하지만 이러한 자연 시계와 인간이 만든 시계를 비교하는 과정에서 여러 가지 문제가 생겼다. 천체를 세심하게 관찰하는 것도 문제였지만 무엇보다 인공 시계의 정확성을 보장할 수 없었던 것이다. 모든 측면에서 서로 딱 들어맞는 도구들은 17세기 후반에 와서야 비로소 갖추어졌다. 이 시기에 천체 망원경이 발명되었으며, 처음으로 기계 시계가 나타난 이후 5세기 동안의 갖은 노력 덕택에 마침내 0.1초 단위로 시간을 측정할 수 있는 단계에 이르렀다.

뢰메르의 유한 속도 증명

목성이 공전하는 동안, 목성의 위성 중의 하나인 이오는 1.8일의 공전 주기로 목성을 돌면서 주기적으로 목성의 그림자 속에

● ● ●

시운동 지구에서 관측한 태양계 내의 천체 운동.

들어갔다가 나타나는 식(蝕) 현상을 보인다. 목성의 그림자 속으로 들어가는 순간(식이 일어나는 순간)과 나오는 순간(식이 끝난 후 천체가 출현하는 순간)은 망원경으로 쉽게 식별이 가능할 뿐만 아니라 그 위치도 비교적 쉽게 찾아낼 수 있다. 이것이 바로 자연 셔터이다.

장도미니크 카시니는 천체를 관측하는 방법과 시간을 정확하게 계산하는 방법을 모두 확보한 뒤, 1668년 갈릴레이 위성[*]의 식 목록을 만들었다. 운행표에 따르면 목성의 첫 번째 위성인 이오의 움직임은 시계로 사용해도 될 만큼 규칙적이었다.

1672년 카시니는 당대의 최첨단 연구소였던 파리 천문대 소장으로 임명을 받았다. 그는 덴마크 출신의 젊은 학자인 올라우스 뢰메르[*]에게 목성 위성들의 식 목록을 개선하라는 임무를 맡겼다. 뢰메르는 이 작업을 하면서 중요한 사실을 발견했다. 목성이 지구를 사이에 두고 태양과 정반대의 위치에 있다

● ● ●

갈릴레이 위성 1610년 갈릴레이가 직접 고안한 망원경을 사용하여 처음으로 발견한 목성의 위성들로, 제1위성 이오, 제2위성 유로파, 제3위성 가니메데, 제4위성 칼리스토를 말한다.
올라우스 뢰메르(1644~1710) 덴마크의 천문학자. 1675년 지구와 목성 사이의 거리에 따라 목성의 월식이 차이가 난다는 것을 발견하여 최초로 빛의 속도를 계산하는 데 성공했다.

가,(이를 충이라고 하며, 이때 목성은 지구에서 가장 가깝다.) 태양과 같은 쪽으로 옮겨 갈 때(이를 합이라고 하며, 이때 목성은 지구에서 가장 멀어진다.) 이오가 목성의 그림자 뒤에서 나타나는 시간이 약간 늦어졌던 것이다.

뢰메르는 이와 같은 현상은 빛이 유한 속도를 가진다는 증거라는 의견을 밝혔다. 사실 이보다 더 확실한 증거는 없을 터였다. 몇 달 간격으로 관찰한 결과 목성이 충의 위치에서 합의 위치로 옮겨 갈 때 이오의 출현이 지연되었다는 사실은, 결국 지구와 목성 사이의 거리도 충의 위치일 때와 합의 위치일 때 각기 다르다는 근거가 된다. 그리고 이때 지연된 시간은 빛이 멀어진 거리만큼을 더 달려오는 데 걸린 시간이라고 할 수 있다. 이 의견은 코페르니쿠스˚의 지동설 체계에 동의하는 것이기도 했다.

1676년 9월 뢰메르는 같은 해 11월 9일로 예정된 이오의 식이 기존 운행표에 예견된 것보다 10분 정도 늦을 것이라고 과학원에 보고했다. 이 예측은 그대로 들어맞았고, 세계 최초의

● ● ● ●

코페르니쿠스(1473~1543) 폴란드의 천문학자. 육안으로 천체를 관측하여 지동설을 제창하였다. 저서에 『천체의 회전에 관하여』가 있다.

갈릴레이가 처음으로 빛의 속도 측정에 도전한 이후,
정확한 빛의 속도 값을 구하는 것은 수많은 천문학자들의 과제가 되었다.

학술지인 《주르날 데 사방》은 이에 대해서 역사적인 단평을 실었다.

하지만 뢰메르는 빛의 속도를 직접 측정해 볼 엄두를 내지 못했다. 후기의 서적 등에 나타난 광속의 값은 나중에 계산된 것이다. 당시에는 불규칙한 위성의 운행이나 시간을 정확히 측정할 수 없었고, 지구와 목성의 궤도에 대한 확실한 데이터 역시 없었다.

카시니를 포함한 몇몇 사람들은 뢰메르의 주장을 반박했지만, 크리스티안 호이겐스와 뉴턴은 이를 충분히 설득력 있다고 생각하여 각각의 저서인 『빛에 대하여』와 『광학』에 그 이론을 도입했다.

브래들리의 광행차

뢰메르의 주장은 그 후 반세기가 지나서야 정확한 측정을 통해 증명이 되었고, 이와 함께 나머지 의혹들도 사라졌다. 이번에는 코페르니쿠스 체계에 전적으로 근거한 방법들이 사용되었다.

1725년 영국 옥스퍼드 대학의 천문학자 제임스 브래들리°는 용자리의 감마별을 관찰하면서 망원경 위치를 주기적으로 조금씩 옮겨 놓아야 한다는 사실을 발견했다. 이를 더 자세히

살펴본 결과, 그는 일 년 동안 지구의 자전 방향에 따라 관찰 방향이 조금씩 바뀐다고 지적했다. 이때 최대 각 차이는 20초˚에 달했다. 각의 이동이 1초 이하인 것에 익숙했던 천문학에서 이 차이는 엄청난 것이었다.

그 후 3년 동안 연구한 끝에 브래들리는 이 각 차이가 별에서부터 오는 빛의 속도와 지구의 공전 속도가 합쳐진 '속도들의 합성 효과'라는 결론에 도달했다. 이는 움직이는 자동차 안에서 바깥을 내다볼 때, 빗방울이 수직으로 떨어지는 것이 아니라 비스듬히 떨어지는 것처럼 보이는 것과 같은 현상이다. 이러한 현상을 브래들리는 **광행차**라고 불렀다.

지구의 공전 속도를 알면, 간단한 계산을 통해 빛의 속도 값에 접근할 수 있다. 브래들리가 관찰한 광행차는 상당히 정확했다. 뿐만 아니라, 당시는 뢰메르의 발견으로부터 50년이 지난 후라서 지구 궤도에 관한 여러 가지 데이터도 대부분 확보

●●●●

제임스 브래들리(1693~1762) 영국의 천문학자. 항성의 자오선을 관측하여 연주 시차를 측정했고, 1727년에는 광행차를 발견했다.
초 가상의 천구에서 거리를 측정할 때는 미터나 킬로미터 단위 대신 각 개념을 사용한다. 원의 전체 각은 360도이고 직각은 90도이다. 이때 1도는 60분으로 나누어지며, 1분은 다시 60초로 나누어진다.

된 상태였다. 빛이 태양에서부터 지구까지 도달하는 데 걸리는 시간은 수치로 나타내면 8분 13초이다. 브래들리 당시에 알려진 지구와 태양 사이의 거리를 킬로미터로 환산해서 이 값으로 나누면 빛의 속도는 초속 29만 5000킬로미터(오차범위 ±5000 킬로미터)이다. 이는 매우 놀라운 값으로, 오늘날 공인된 빛의 속도와 2퍼센트 정도의 오차 범위 내에 있는 것이다.

3

물리학자들은 어떻게
빛의 속도에 접근했을까?

빛의 성질은 무엇일까?

천문학자들은 빛의 속도를 측정할 때 행성 궤도의 데이터를 이용한다. 이 데이터가 정확할수록 빛의 속도도 정확하게 산정할 수 있다. 하지만 지구 안에서 빛의 속도를 측정하지 못한다면, 외부 데이터에 끊임없이 의존해야 하는 악순환에서 벗어날 수가 없다.

그 임무는 물리학자들에게 넘겨졌다. 현재 c라는 문자로 표시하는 기준 값, 즉 진공 상태에서 빛의 속도를 측정하는 것이 물리학자들의 몫이 된 것이다. 대기와 같은 매질 속에서 빛이 움직이는 속도는 진공 속에서 빛이 움직이는 속도와 다르다. 이 때문에 대기 중에서의 빛의 속도는 후에 약간 수정해야 했다. 그런데 빛을 파동으로 보느냐 아니면 입자로 보느냐에 따라 매질 속에서의 빛의 속도가 진공 속에서의 빛의 속도보다 느리다는 입장과 빠르다는 입장으로 갈렸다.

17세기에 데카르트, 호이겐스,[•] 뉴턴 등이 제기한 '빛의 성질은 무엇인가?'라는 질문에 대한 대답은 논쟁으로 바뀌어 거의 200년 동안이나 물리학계에서 계속되었다.

빛은 파동일까 입자일까?

17세기에 호이겐스는 파동 이론을 정립했다. 빛은 물 표면에 이는 잔물결처럼 진동으로 전달된다는 것이다. 파동의 세기는 한 **주기**의 시간과 한 **파장**의 공간에서 되풀이되는 진동으로 표시한다. 그리고 파장이 전파되는 속도는 파장을 주기로 나눈 몫이 된다.

호이겐스는 빛이 소리와 유사하다고 생각했다. 소리는 매질[•]의 압축과 팽창이 반복되면서 전파되는 종파에 해당하는데, 당

● ● ● ●

호이겐스(1629~1695) 네덜란드의 물리학자 · 천문학자. 빛의 파동설을 제창하고 '호이겐스의 원리'를 발표하였으며, 진동 시계, 망원경 등을 고안 · 제작하였다.

시에는 이런 종파만을 생각할 수 있었다. 매질이 세로로 진동하는 횡파가 음파보다 100만 배나 더 빠른 속도로 전파된다는 것은 상상하기 힘들었던 것이다. 그래서 사람들은 물체들 사이의 모든 간격을 채워 주는 비물질적인 유체(流體)가 있을 거라는 추측을 하게 되었다. 즉 빛은 진동으로 구성되며, **에테르**라는 가상의 매질에 의해 전파된다는 것이다.

한편, 18세기에는 뉴턴의 영향 때문에 빛이 매우 빠르고 작은 방사 물질로 구성되어 있다는 입자 이론이 우세했다.

그러다 19세기 초인 1803년, 영국의 토머스 영은 빛의 간섭 실험을 통해 빛이 입자냐 파동이냐 하는 논쟁에 새로운 전기를 마련했다. 그는 빛이 투과되지 않는 판에 구멍 두 개를 평행으로 뚫고 그 틈을 통해 하나의 광원에서 나온 빛을 통과시켰다. 그러자 두 개의 틈이 충분히 가까울 경우, 판의 다른 쪽에 위치한 스크린에 일정한 간격으로 밝고 어두운 간섭무늬가 나타났다. 이와 같은 간섭무늬는 오직 파동 이론의 틀 안에서

● ● ●

매질 어떤 파동 또는 물리적 작용을 한 곳에서 다른 곳으로 옮겨 주는 매개물. 음파를 전달하는 공기, 탄성파를 전달하는 탄성체 따위가 있다.

토머스 영(1773~1829) 영국의 의학자 · 물리학자 · 고고학자. 빛의 간섭 원리, 탄성에 관한 영률(young率), 생리 발광, 난시 등을 발견하였으며, 고대 이집트 문자와 로제타석의 상형 문자를 해독하는 데 공헌하였다.

만 해석할 수 있는 것이었다. 또한 영은 같은 파장을 가진 여러 가지 빛들로 실험한 끝에 파장이 빛의 색깔과 관계가 있음도 알아냈다.

빛이 공기, 물, 유리와 같이 투명한 매질을 통과할 때는 매질의 종류에 따라 속도가 변화한다. 파동 이론에서는 빛은 물이나 유리에서보다 공기 중에서 더 빨리 전달된다고 주장했다. 반면에 입자 이론에서는 빛을 전달하는 극히 작은 물체들이 역학[*] 법칙을 따르는 것으로 보기 때문에 공기 중에서보다 물속이나 유리에서 더 빠르게 전달된다고 보았다.

그렇다면 이제 여러 가지 매체를 통과한 빛의 속도를 어떻게 측정하느냐의 문제로 돌아가 보자. 이 문제를 해결하려면 어디에서부터 어떻게 시작해야 할까?

광속 측정법은 어떻게 발전했을까?

19세기에 우주 공간에서의 빛의 속도가 밝혀진 후, 물리학

• • •

역학 물체의 운동에 관한 법칙을 연구하는 학문.

자들은 더 이상 무(無)에서 시작하지 않아도 되었다. 길이의 기준치가 주어졌다는 것은, 곧 측정할 시간이 정해졌다는 뜻이기 때문이다.

이에 따르면, 빛이 통과하는 데 걸린 시간으로 길이를 정할 수 있다. 천문학적인 수치의 긴 거리를 측정하려면 숫자가 엄청나게 커지는데, 천문학자들은 이 문제를 해결하기 위해 광년°이라는 단위를 고안해 냈다. 일례로 뢰메르가 지구에서 태양까지의 거리를 측정한 수치는 약 8광분°이다. 우리가 일반적으로 사용하는 단위로 환산하면, 1킬로미터는 약 100만분의 3광초(3마이크로초)이고, 1미터는 약 10억분의 3광초(3나노초)가 된다.

빛이 전달되는 데 소요되는 시간을 우리 기준으로 측정하기 위해서는 단순히 시계 기술을 개량하는 것만으로는 충분치 않았다. 프랑수아 아라고°에 자극을 받은 프랑스의 물리학자 히

●●●

광년 항성 거리 등 우주 안의 긴 거리를 나타내는 데 쓰는 단위로, 광파나 전파가 1년 동안에 가는 거리를 말한다.
광분 빛이 1분 동안 가는 거리.
프랑수아 아라고(1786~1853) 프랑스의 천문학자이자 물리학자. 빛의 파동설을 실증하였으며, 지구 자오선의 길이를 측정하고, '아라고의 원판' 실험 등을 행하였다.

폴리트 루이 피조*와 장 베르나르 레옹 푸코*는 혁신적인 기계 장치를 구상하여 처음으로 의미 있는 실험을 진행했다.

톱니바퀴 방법

1849년 7월 피조는 대기 중에서 빛의 속도를 측정하기 위해 최초로 기계 장치를 이용했다. 그는 평행 광선속의 빛이 쉬렌에 있는 피조의 시골집과 몽마르트 언덕에 있는 친구의 집 사이를 왕복하도록 했다. 거리는 8.5킬로미터 정도였으며, 빛의 송신기와 수신기는 쉬렌에 설치했고, 반사경은 몽마르트 언덕에 놓았다.

피조가 설정한 측정 기준 거리는 몇 킬로미터에 지나지 않았기 때문에 몇 마이크로초의 시간을 정확하게 계산할 수 있어야 했다. 그는 정밀 기계 제작자로 유명한 귀스타브 프로망에게 의뢰해서 내부 톱니바퀴가 빠른 속도로 회전하는 기계를 설

● ● ● ●

히폴리트 루이 피조(1819~1896) 프랑스의 물리학자. 푸코와 함께 최초의 태양 표면 은판 사진 기술을 획득했으며, 광속을 측정하기 위한 물리학적 방법을 최초로 정리했다.
장 베르나르 레옹 푸코(1819~1868) 프랑스의 물리학자. 빛의 파동설을 확인하고 지구의 자전을 증명하는 푸코의 진자를 발견했다.

계하고 제작했다. 이 기계는 셔터와 시계의 역할을 동시에 할 수 있었다. 피조는 톱니바퀴를 돌리면서 톱니 사이로 나간 빛이 멀리 있는 거울에 반사되어 돌아오도록 했다. 돌아온 빛은 다시 톱니바퀴 틈을 통과해 눈에 들어왔다.

톱니바퀴의 회전 속도가 규칙적이라면 톱니 하나가 지나가는 시간은 쉽게 계산할 수 있다. 만약 톱니 틈을 통해 나간 빛이 거울에 반사되어 돌아왔을 때 그 자리에 톱니가 와서 막고 있다면, 톱니바퀴 뒤에 있는 관찰자는 돌아온 빛을 볼 수 없을 것이다.

이때 톱니바퀴와 거울 사이의 거리와 빛이 가려질 때까지의 시간을 알면 빛의 속도를 계산하는 것은 간단하다.˚ 그렇지만 피조가 얻은 빛의 속도는 초속 31만 5000킬로미터로 아주 정확하진 않았다. 빛이 가려지는 시간을 정확히 포착하지 못했기 때문이다.

● ● ●

피조의 톱니바퀴 실험 만일 빛이 원래의 위치로 돌아왔을 때 다음 톱니의 틈새가 처음 톱니 틈새의 위치에 있으면 톱니 뒤편에 있는 관측자의 눈에 돌아온 섬광이 보일 것이다. 그러나 빛이 돌아왔을 때 처음 톱니 틈새가 있던 곳에 다음 톱니 산이 있으면 관측자는 돌아온 섬광을 볼 수 없게 된다. 피조의 실험에서 거울과 톱니바퀴 간의 거리와 톱니의 회전 속도는 알려져 있으므로, 관측자의 눈에 보이는 톱니 속도로부터 광속을 측정할 수 있었다.

그로부터 20여 년 후 프랑스의 물리학자 알프레드 코르뉴[*]는 정교하게 개량한 기계를 사용해서 피조의 톱니바퀴 실험을 재현했다. 1872년 파리 이공과 대학에서부터 쉬렌의 발레리엥 언덕까지 1만 310미터의 거리와, 1874년 파리 천문대에서 몽틀레리 탑까지 23킬로미터의 거리를 기준으로 측정한 결과, 빛의 속도는 각각 초속 29만 8500킬로미터와 초속 30만 30킬로미터로 측정되었다. 넉넉하게 잡아 오차는 초속 1000킬로미터 정도였다.

1902년 페로탱은 프랑스 남부의 니스 천문대와 라고드 천문대 사이의 약 15킬로미터 거리에서 톱니바퀴 실험을 했으며, 그 결과 초속 29만 9880킬로미터(오차 범위 ±84킬로미터)라는 측정치를 얻었다.

그 후 전자 공학의 도움으로 측정 기술은 더욱 발전했다. 예를 들어 케르 전지라고 불리는 초고속 셔터는 100만분의 1초보다도 더 짧은 시간 내에 작동한다. 고주파 전기 신호로 작동하는 이런 기계는, 전파 기술이 진보한 20세기 초에 들어서야

• • • •

알프레드 코르뉴(1841~1902) 프랑스의 물리학자로 피조의 방법을 개선하여 광속을 측정하는 방법을 탐구했으며 자외선 방사 사진술을 연구했다.

비로소 상용화되었다.

1925년에서 1950년 사이에 피조의 실험은 많은 과학자들에 의해 여러 번에 걸쳐서 재현되었다. 반응이 느린 사람의 눈으로는 더 이상 이러한 신호들을 감지할 수 없었기 때문에 광전지˙가 그 역할을 대신하게 되었다. 이 기계는 톱니바퀴보다 훨씬 더 정확했다. 이런 과학 기술의 발전에 도움을 얻어, 1950년 스웨덴의 베르그스트랜드는 빛의 속도를 측정한 결과 그 수치가 초속 29만 9793.1킬로미터(오차 범위 ±0.25킬로미터)라고 발표했다.

반사경 방법

1838년 프랑스의 물리학자 프랑수아 아라고는 공기 중의 빛 전파 속도와 물속의 빛 전파 속도를 비교하기 위해 영국의 물리학자 찰스 휘스톤의 발명품을 사용해 실험하자고 제안했다.

광원에서 나오는 빛은 기계의 회전 반사경을 거쳐 고정 반사경에 반사된 후 다시 광원으로 되돌아온다. 회전 반사경이 회전함에 따라 각도가 변하는데도 빛이 광원으로 돌아오게 하

● ● ● ●

광전지 광전 효과를 이용하여 빛 에너지를 전기 에너지로 바꾸는 장치.

기 위해서는, 기하광학의 반사 법칙에 따라 고정 반사경의 각
도를 잘 조정해 놓아야 한다. 이로써 두 거울 사이의 거리와 회
전각 속도를 알고 있다면, 반사각을 측정하여 빛의 속도를 계
산할 수 있다.

하지만 이 실험은 거리가 짧을 때만 유효했다. 10미터만 기
준으로 잡아도 빛이 초당 1000번 회전하는 회전 속도로 왕복
하는 데 반사각이 10초나 차이가 났기 때문이다.

확실히 1850년 이전에는 기술적인 어려움을 극복하지 못했
다. 1850년경 푸코는 반사경의 회전 속도를 모르는 상태로 자
신의 집에서 빛의 성질에 관한 실험을 시도했다. 이 실험에서
푸코는 두 반사경 사이 한가운데에 찬 물이 든 관을 놓아 빛이
이곳을 통과하도록 하면 더 많은 굴절이 이루어진다는 사실을
관찰했다. 이는 공기 중에서보다 물속에서 빛의 전파 속도가
떨어진다는 증거였고 파동 이론의 결정적인 증거가 되었다.

🍎 20세기 초 빛의 입자 혹은 **광자**(光子)˙로 인해 파동 이론에
다시 문제가 제기됐지만, 이는 부분적인 논의에 그쳤다. 사실

●　●　●

광자　양자론에서는 빛을 특정한 에너지와 운동성을 가지는 일종의 입자로 취급
하는데, 이때 빛의 입자를 광자, 또는 광양자라고 지칭한다.

빛은 파동성과 입자성을 모두 띤 이중성을 갖고 있다.

푸코는 파리의 천문대에서 일하며 여러 가지 업적을 이루었다. 그중 하나는, 유명 파이프 오르간 설계자 아리스티드 카바이에콜의 영향으로, 압축 공기 송풍기를 사용하여 더 큰 값의 각속도를 정확하게 측정했던 일이다. 이 실험으로 푸코는 초속 29만 8000킬로미터(오차 범위 ±500킬로미터)라는 빛의 속도를 얻어 냈다. 이 수치는 즉각 광속의 기준 값으로 인정되었으며, 미국에서는 회전 반사경이 그 이후 오랫동안 빛의 속도를 측정하는 가장 확실한 방법으로 쓰였다.

메릴랜드에 위치한 아나폴리스 해군 사관 학교의 교수 사이먼 뉴컴®과 그의 제자이자 동료였던 알버트 A. 마이컬슨®은, 1878년에서 1882년에 걸쳐 푸코가 했던 실험의 정확성을 높이기 위한 작업에 착수했다. 이들은 개별적으로 혹은 팀을 이루어 실험을 진행했으며, 수 킬로미터 거리를 기준으로 삼았다.

● ● ●

사이먼 뉴컴(1835~1909) 캐나다 태생의 미국 천문학자. 천문 항해력의 편찬을 위하여 천문학상의 여러 정수를 결정하는 데 노력하고, 지구의 자전 속도를 연구하는 등 많은 업적을 남겼다.
알버트 A. 마이컬슨(1852~1931) 독일 태생의 미국 물리학자. 정밀도가 높은 마이컬슨 간섭계를 발명했다. 1907년 미국인으로서는 최초로 노벨 물리학상을 수상했다.

이후 마이컬슨은 빛에 관한 다른 연구에 몰두하여 명성을 얻었고 1924년과 1926년 오랫동안 중단했던 빛의 속도 측정에 새롭게 도전했다. 그리하여 캘리포니아에 위치한 윌슨 산의 천문대와 산안토니오 산 사이의 35킬로미터 거리를 두고 굉장한 실험이 재개되었다.

　마이컬슨은 이전의 실험에서와 마찬가지로 세심한 주의를 기울여 회전 반사경의 각속도를 조절했다. 빛이 광원에서 나와 반사경에 반사되어 돌아오는 경로는 균등하여 정확한 측정값을 산출하는 데 보탬이 되었다. 공기 중의 굴절로 인한 오차를 수정한, 진공 상태에서의 빛의 속도 c 값은 초속 29만 9796킬로미터(오차 범위 ±4킬로미터)였다. 이 값은 몇 십 년 동안 거의 공식적인 기준 값이 되었다.

4

광속 연구를 도운
현대의 이론과 기술은?

전자기를 통해 빛의 속도를 알 수 있을까?

1820년 덴마크의 물리학자 크리스티안 외르스테드는 실험을 통해 전류가 자기장을 만든다는 것을 발견하여 전기와 자기의 관계를 밝혀냈다. 전기력과 자기력이 모두 전하의 작용으로 생겨난다는 것을 알게 된 것이다. 모터에서 라디오까지 일상에서 그 쓰임새가 점차 증가하고 있는 전자기학은 이렇게 탄생했다. 오늘날은 물리학자들이 빛도 전자기파라는 사실을 잘 알고 있지만 과거에는 이에 대해 전혀 알지 못했다.

역학에서는 전기장이나 자기장의 세기를 전하, 거리, 속도 등을 이용하여 나타낼 수 있다. 이 분야를 연구하는 과학자들은 실험을 통해 전기장과 자기장의 세기의 비가 빛의 속도와 같다는 사실을 알게 되었다.

1856년 독일의 물리학자 루돌프 콜라우슈와 빌헬름 베버는 여러 가지 계측 장치를 개발하여, 전기장과 자기장의 비를 측정한 결과 초속 31만 800킬로미터라는 값을 구했는데, 이는 빛의 속도와 근접한 값이다.

19세기 말까지 수많은 연구자들이 여러 문제점들을 개선해 가면서 빛의 속도를 다시 측정했다. 1898년에는 프랑스의 알프레드 페로와 샤를 파브리가 측정한 초속 29만 9784킬로미터(오차 범위 ±30킬로미터)라는 값이 빛의 속도로 공인되었다. 과학자들이 발견해 낸 빛의 속도를 측정하는 또 다른 방법에는 어떤 것들이 있을까?

헤르츠의 전자파

스코틀랜드의 제임스 클러크 맥스웰*은 전자기파의 파동 방정식을 이론적으로 유도하는 과정에서 전자기파의 속도가 빛의 속도와 같다는 것을 발견했다. 1864년 맥스웰은 당시 과학

● ● ●

제임스 클러크 맥스웰(1831~1879) 스코틀랜드의 물리학자로서 케임브리지 대학 교수였다. 1873년 전자기장에 관한 유명한 맥스웰 방정식을 발견하여 전기와 자기 사이에 작용하는 온갖 현상을 밝혔다. 전기에 관한 현대의 모든 이론은 맥스웰을 그 시조로 한다.

계의 관심을 끌고 있던 전자기학의 법칙들을 종합하여 발표했는데, 그가 정리한 전자기학 법칙을 이용하여 진공 상태에서 빛의 속도로 전파되는 전자기파가 존재한다는 것을 이론적으로 유도해 낸 것이다. 이를 통해 맥스웰은 빛도 전자기파라고 주장했다.

전자기파는 전기장과 자기장이 직각으로 교차하며, 진행 방향에 수직으로 진동한다. 이런 성질로 보았을 때 전자기파는 횡파로 분류할 수 있다. 전자기 이론에 따르면, 전자기파를 발생시키려면 시간에 따라 변화하는 전류를 흘려보내야 한다.

1888년 독일의 하인리히 헤르츠*는 실험을 통해 전류로부터 발생한 전파의 영역에서 전자기파의 존재를 확인했다. 전파의 영역에 속하는 전자기파의 파장은 몇 센티미터에서 수 킬로미터에 이르는데 헤르츠가 발견한 전자기파의 파장은 약 1미터 정도였다.(참고로 가시광선의 파장은 0.4~0.8마이크로미터, 즉 100만분의 1미터이다.)

● ● ●

하인리히 헤르츠(1857~1894) 독일의 물리학자. 전기 진동 실험을 통해서 전자기파의 존재를 확인하고 전파와 자파가 광파와 같은 성질을 갖는다는 것을 실증하였다. 그의 이름을 따서, 진동수 단위로 1초 동안 N번 진동한 것을 N헤르츠라고 한다.

헤르츠의 발견은 전기 통신, 레이더, 천문학 등 많은 분야에 영향을 미쳤다. 또한 전자기파는 가시광선과 파장만 다르기 때문에 이를 이용해 간접적으로 빛의 속도를 구할 수 있는 길이 열렸다. 파동의 전파 속도는 주파수와 파장을 곱한 값이다. 파동은 송신기를 통해 만들어 낼 수 있고, 그 파동의 정확한 주파수도 쉽게 구할 수 있으므로, 파장의 값을 자연스럽게 도출할 수 있다.

1890년과 1925년 사이, 빛의 속도를 측정하고자 하는 여러 실험들이 성공을 거두었다. 실험을 통해 측정한 빛의 속도는, 전자기학의 법칙들로부터 이론적으로 계산해 낸 전자기파의 속도와 같았다.

레이더와 레이저

레이더는 2차 세계 대전 중에 개발되었다. 이를 통해 미터나 데시미터보다 더 짧은 파장을 측정할 수 있게 되었으며,

● ● ●

레이더 전파를 발사하여 그 반사파를 받아 목표물의 존재와 거리를 탐지하는 무선 감시 장치로서, 항공기나 선박 등에 널리 이용된다.
데시미터 1미터의 10분의 1에 해당하는 길이로 기호는 dm이다.

레이더는 점차 헤르츠파보다 점점 더 높은 주파수의 영역으로 그 쓰임새가 확장되었다. 1940년대에는 파동 유도 장치와 **공진 기**가 개발되었고 이를 바탕으로 20세기 후반 물리학의 발전에 큰 기여를 할 장치, 즉 입자 가속기를 제조하기에 이르렀다. 이 기술 덕분에 빛의 속도를 한결 더 정확히 측정할 수 있었다.

공진기는 파이프 오르간의 파이프와 비슷한 원리로 작동한 다. 파이프 오르간에서 파장, 즉 파이프에서 나오는 소리의 높 이(주파수)는 파이프의 길이에 달려 있다. 마찬가지로 공진기 안에서 전자기파의 파장은 공진기의 크기에 좌우된다. 1947년 루이 에센은 전쟁 중 영국의 전파 탐지기를 관찰해 얻은 정보 를 실험에 사용했다. 그 결과 마이컬슨보다도 더 정확한 광속 값인 초속 29만 9792킬로미터(오차 범위 ±1.5킬로미터)를 도 출해 냈다.

이 결과는 이후 더욱 활발한 연구가 이루어지는 데 원동력 이 되었다. 에센 역시 측정을 거듭하면서 결과를 더 정확하게 다듬었으며 다른 레이더 기술도 이용해 연구를 진척시켰다. 에 센의 연구소 동료인 케이트 다비 프룸은 에센이 반복하여 얻어 낸 결과가 정확하다는 것을 증명했다. 그가 측정한 최종 값은 초속 29만 9792.5킬로미터(오차 범위 ±0.1킬로미터)로 레이저 가 등장하기 전에 발표된 것 중 가장 정확한 값이었다.

대부분의 레이저 기계에서 가장 주요한 부분은 공진기이다. 레이저의 원리는, 공진기 내부에 전기나 빛을 방사하여 여러 번 왕복시킴으로써 빛의 강도를 높이는 것이다. 이때 사용할 수 있는 전기나 빛은 그 주파수와 파장이 극히 제한적이며, 하나 또는 여러 개의 진동을 선택할 수 있다.

레이저는 1959년에서 1960년 사이에 처음으로 만들어졌다. 그 역사는 50년 남짓밖에 안 됐지만, 여러 분야에서 빠른 속도로 상용화되고 있다. 레이저는 레이더와 비교해 더 정확하다는 장점이 있다. 레이저로 주파수와 파장을 정확하게 측정할 수 있게 된 것은, 유구한 역사와 전통을 자랑하는 광학의 발전 덕분이었다. 1970년대 초 미국 상무성 표준국은 레이저 기술을 이용하여 측정을 시도했다. 이전의 방법들에 비해 정확성이 크게 높아졌으나, 이때 사용했던 미터원기*가 안정된 상태가 아니었기 때문에 부분적으로만 정확성을 인정받았다.

1960년부터는 가시광선의 몇몇 파장을 기준으로 미터원기

● ● ●

미터원기 길이의 단위 1미터는 지구의 크기에서 유래한 것이다. 지구 둘레의 4만 분의 1을 1킬로미터로 정하고, 1킬로미터의 1000분의 1을 1미터로 정한 것이다. 1미터 길이의 특수 금속 자는 '미터원기'라 하여 파리에 보관되어 있다.

의 정의를 새롭게 내렸다.[*] 그런데 분광학이 발전하면서, 이러한 기준 역시 모호하다는 사실이 밝혀졌다. 우리는 빛의 속도로 초속 2억 9979만 2456.2미터(오차 범위 ±1.1미터), 또는 초속 2억 9979만 2458.7미터(오차 범위 ±1.1미터)라는 두 값 중 하나를 선택할 수 있게 되었다.

1972년 K. M.이벤슨은 동료들과 함께 이 같은 오류를 해결하기 위해, 임의로 빛의 속도를 고정하고 이 빛이 일정 시간 단위 동안 전달된 거리를 기준으로 미터자를 다시 정의하자고 제안했다. 그렇게 되면 주파수를 측정할 때 불확실한 부분을 완전히 제거할 수 있다는 것이었다. 이것은 아인슈타인의 상대성 이론[*]이 공식화되면서 물리학의 토대가 발전했기에 가능한 일이었다.

빛의 속도에 관해서는 앞에서 말한 마이컬슨의 업적 역시 꼭 기억해 둘 만하다. 그의 실험은 비록 정확한 측정값을 얻지

● ● ● ●

새로운 미터법 1960년에 국제 도량형 총회는 특정 조건에서 크립톤 원자가 방사하는 오렌지색 스펙트럼 선 파장의 165만 763.73배를 1미터로 정하고, 그것을 미터법의 기준으로 하기로 결정했다.

상대성 이론 이에 대해서는 이 책과 같은 시리즈에 속한 『상대성 이론이란 무엇인가?』를 참조하라.

는 못했지만, 그 결과는 다른 학자들에게 지대한 영향을 주었기 때문에 이 물리학자의 이름과 그의 실험은 따로 떼어 생각할 수 없을 정도가 되었다.

빛의 속도는 상황에 따라 변할까?

이러한 과정을 거쳐 파동 이론이 힘을 얻었지만, 여전히 해결되지 않은 문제가 남아 있었다. 빛의 진동이 어떤 매체를 통해 전달되느냐 하는 것이었다. 맥스웰은 전자기파를 전달해 주는 에테르라는 매질의 존재를 가정했지만 에테르의 본질에 대해서는 밝혀내지 못했다.

게다가 마이컬슨과 몰리의 실험으로 인해 에테르의 존재 자체에 대한 의문이 제기되었다. 절대 공간에 에테르가 가득하며 물의 흐름이나 지구의 운행에 의해 이 에테르가 유도되는 것인지를 의심하게 된 것이다.

많은 과학자들이 에테르의 존재가 무엇인지 밝히려고 시도했지만 실패했다. 이러한 문제를 해결하기 위해 마이컬슨은 나중에 대단히 유명해진 실험을 구상하게 되었다. 그는 동료 에드워드 W. 몰리와 함께 간섭계를 발명했고 그것을 이용하여 실험에 착수했다. 간섭계는 직각을 이루는 두 팔을 따라 빛이 여러 번 왕복하도록 고안한 장치였다. 그는 지구의 움직임이 두 팔 중 하나와 평행을 이룰 것이기 때문에, 에테르의 흐름에 따라 간섭무늬가 나타날 것으로 생각했다. 에테르의 흐름이 빛의 속도에 영향을 주어 간섭무늬가 나타날 것으로 생각했던 것이다. 하지만 그의 예상과 달리 그런 간섭무늬는 나타나지 않았다.

이 부정적인 결과에 대응하기 위해, 아일랜드의 조지 프랜시스 피츠제럴드와 당대 최고의 이론가로 인정받던 네덜란드의 헨드릭 안톤 로렌츠가 손을 잡았다. 1895년에 이들은 빛이 이동하는 방향으로 물체가 수축한다는 가설을 세웠다. 그러면 간섭계의 두 팔 중 하나는 그 영향을 받을 것이므로, 간섭무늬 실험 결과를 설명을 할 수 있었다. 하지만 이 가설은 이론적인 토대가 부족했다.

● ● ●

마이컬슨과 몰리의 실험 지구가 빛을 매개하는 에테르 속에서 움직인다고 가정하고서 지구의 운동 속도를 밝혀내고자 한 실험이다. 빛이 에테르에 대해 일정한 속도를 가진다면, 지구의 운동 방향과 같은 쪽으로 잰 빛의 속도와 지구의 운동 방향에 수직으로 잰 빛의 속도를 비교하여 지구의 속도를 알 수 있을 것이라고 생각했다.

요컨대 마이컬슨과 몰리의 실험은 주파수와 전달 방향, 광원의 움직임, 실험실에서 측정한 방향 등과 상관없이 진공 상태에서 빛의 속도는 변하지 않는다는 광속의 불변성을 확인해주었다.

5

빛의 속도는
시공간을 초월할까?

시간은 상대적인 것일까?

　고전 물리학은 17세기에 제창된 역학에 뿌리를 두고 있다. 당시에는 시간과 공간이 분리되어 있다고 보았으며, 공간에 대하여 독립적으로 존재하는 시간과 속도를 안다면, 운동을 측정할 수 있다고 생각했다. 또한 공간은 평평하기 때문에 어떤 방향으로든 무한정 직선을 그을 수 있다고 생각했다.

　그 이후 갈릴레이가 **관성의 법칙**을 공식화하고 뉴턴이 이를 발전시켜 모든 현상의 기초로 삼게 되었다. 이 원리에 따르면 어떠한 힘의 작용도 받지 않는 물체는 정지 상태이거나, 직선을 따라 한결같은 속도로 운동을 한다. 또한 모든 관측자에게 항상 일정하게 측정되는 속도는 존재하지 않는다.

　그러나 이 이론과는 반대로 마이컬슨과 몰리의 실험을 비롯

한 여러 실험들은 변하지 않는 속도의 존재를 입증했다. 바로 빛의 속도였다. 이러한 모순은 물리학자들에게 충격적인 것이었다.

1896년 영국의 물리학자 톰슨은 극히 작은 물체인 전자를 발견했다. 이 전자의 움직임을 통해 빛의 근본 성질을 확인할 수 있었다. 전자는 매우 작은 질량을 가지며, 역학 법칙의 적용을 받는다. 그런데 왜 전자 운동의 결과로 발생하는 전자기파는 이 법칙의 적용을 받지 않는 걸까? 물리학자들의 입장에서 볼 때, 이는 결코 납득할 수 없는 현상이었다.

이런 혼란 상태가 1904년까지 지속되었다. 1904년 로렌츠는, 움직이는 전자의 속도를 결정하는 '제한된 시간'이라는 개념을 가상으로 도입했다. 이로써 단지 가설에 불과했던 전자 이론을 통해 전자기학과 역학이 밀접하게 결합되었다.

로렌츠의 가설이 나온 것은 아인슈타인의 **특수 상대성 이론**이 발표되기 불과 일 년 전의 일이었다. 아인슈타인은 빛의 속도가 변하지 않는다는 것을 확인하고(아마도 그는 마이컬슨과 몰리의 실험을 알지 못했을 것이다.) 우주에서 동시에 관측된 두 사건은 동시에 발생한 것이라는 주장을 논박했다. 지상에서 관찰하면 동시에 일어나는 것 같은 사건이라도, 은하계 밖에서 관찰하면 각각 다른 순간에 일어나는 것으로 보인다는 것이다.

이것은 고전 물리학에서는 상상할 수도 없는 일이었다. 이로써 동시성이 해체되면서 '절대 시간의 개념'도 사라지게 되었다. 시간은 '상대적인' 것이며, 관찰자에 따라 다르게 정의될 뿐이라는 것이다.

로렌츠의 이론은 아인슈타인을 통해 자연스럽게 체계화되었으며, 그 과정에서 전기력과 자기력이 통합된 전자기력이 도출되었다. 움직이지 않는 전하 사이에 작용하는 전기력과, 전류 사이에 작용하는 자기력은 서로 쉽게 전환될 수 있다는 것이 그 요지이다.

관성의 법칙에 따르면 이 이론을 수정해야겠지만, 다행스럽게도 그러한 상황은 초고속에서만 감지할 수 있다. 새로운 상대론적 역학에 의하면, 움직이는 물체의 질량은 최고 속도인 빛의 속도 c에 접근할수록 무한에 가까워진다. 그러나 이처럼 극단적인 상황이 아닐 때, 즉 이동 중인 물체의 속도가 c보다 작을 때에는 여전히 고전 역학의 법칙을 적용할 수 있다.

전자기학과 역학을 융합하기 위해 이제 물리학의 개념을 깊이 성찰해 보아야 할 시간이 되었다. 이제 절대 시간의 시대는 끝났다. 그러나 상대 시간에 적응하는 것이 그리 쉽지만은 않았다. 그러려면 시간 지연*이라는 낯선 개념까지 수용해야 했다. 때문에 앙리 베르그송과 같은 철학자는 이 이론을 무시하

변하지 않는 빛의 속도 c값을 둘러싸고 현대 과학은 새로운 단계로 집입했다.

기도 했다.

과학자들은 물리학의 개념들을 재검토하면서 새로운 결론에 도달했다. 이제는 빛이 이동하는 데 에테르의 존재를 설정할 필요가 없었다. 1905년 아인슈타인이 발표한 상대성 이론에 의해 에테르는 아무 쓸모가 없게 된 것이다.

빛의 속도는 특수 상대성 이론에서 중요한 역할을 한다. 이 이론의 기본 원리는 빛의 속도가 속도를 측정하는 좌표계나 광원의 움직임과 전혀 관계없다는 것이다. 마이컬슨과 몰리가 이를 우연히 증명한 이후, 1960년대의 메이저*나 1970년대의 레이저 같이 발달된 기술을 활용해 빛의 속도를 측정하려는 실험은 20세기 내내 계속되었다.

시공간은 추상적인 것일까?

아인슈타인의 대학 시절 교수 헤르만 민코프스키는 1908년

● ● ● ●

시간 지연 움직일 때의 시간은 정지하고 있을 때의 시간보다 느리게 간다는 이론. 물체의 속도가 빨라져 빛의 속도에 가까워질수록 시간은 더 느려진다.
메이저 분자 또는 원자의 고유 진동을 이용해 전자파를 방출하는 장치.

새로운 개념을 공식화하면서 특수 상대성 이론을 수학적으로 증명했다. 그 결과 시간과 공간을 독립적인 것으로 생각할 수 없게 되었고, 대신 시간과 공간을 하나로 묶어 **시공간**이라는 하나의 실체로 나타내게 되었다. 시공간에서 이루어지는 등속 직선 운동은 일반 공간에서의 직선과 같은 역할을 한다. 여기에는 변하지 않는 최상의 기준 속도가 존재한다.

평평하고 텅 빈 민코프스키의 시공 기하는 상대론적 역학과 혼동되는데, 둘 중 하나를 알면 다른 것도 자연히 알 수 있다. 민코프스키의 시공 세계에서 기준 속도는 주파수, 방향, 움직임과 상관없이 빛의 속도 c와 동일하다. 어떠한 물체도 그 속도에 근접할 수 없으며, 물론 초월할 수도 없다.

물론 실제 우주는 이러한 추상적 세계와는 다르다. 우주론자들은 실제 우주에는 우주 존재의 근거가 되는 물질들이 다량으로 있는데, 이 물질들이 주변의 시공을 변형시킨다고 말한다. 이는 1916년에 아인슈타인이 발표한 **일반 상대성 이론**에 포함된 것이다. 일반 상대성 이론과 비교할 때, 특수 상대성 이론의 시공간은 순수 추상의 세계이다. 이는 극히 미세한 물질들로 가득한 구체적인 현실 세계와 맞닿아 있다. 이 시공에서 기준으로 사용되는, 변하지 않는 빛의 속도라는 개념 역시 추상의 영역에 속하는 것이다. 이것이 바로 20세기 초까지 과학자들이 밝혀낸, 우리가 사는 세계의 본질이다.

빛의 속도 c는 완벽한 값일까?

1980년경에 진공 상태에서 빛의 속도를 측정하여 오차 범위를 소수점 이하의 초속 미터로 떨어뜨렸다. 그리고 마이컬슨과 몰리의 실험을 반복한 결과 변하지 않는 c의 값을 오차 범위 내에서 얻을 수 있었다.

앞에서도 말했듯이 1960년에 채택했던 파장을 이용한 미터법은 분광학 기술이 발달함에 따라 정확성에 문제가 제기되었다. 이후 특수 상대성 이론의 영향으로 도량형에 대한 고정 관념에 변화가 생겼다. '진공 상태에서의 빛의 속도' 같은 근본적인 속도가 있는데, 왜 구체화하기 힘든 길이의 기본 단위를 고집하는가?

1983년 제17회 도량형 총회에서는 이런 의견을 반영하여 중요한 결정을 내렸다. 그리고 c에 초속 2억 9979만 2458미터라는 단호하고도 결정적이며 완벽한 대푯값을 부여했다. 이로써 이전의 미터법은 더 이상 유효하지 않게 되었고, 이제 1억 9979만 2458초의 2분의 1 동안만큼 빛이 진공 상태에서 이동한 거리가 새로운 기준이 되었다.

참고로 현재 국제 표준 단위로 사용되는 질량, 시간, 길이의 기본 단위는 각각 다른 논리를 따른다. 질량 단위는 프랑스 세브르에서 정해진 킬로그램원기˚를 사용하며, 시간 단위는 관찰 조건이 동일할 때 어디서나 똑같이 재현할 수 있는 물리적 특성을 기준으로 삼는다. 미터법은 시간이라는 현실 세계와 물리학에서만 존재하는 시공간에서의 빛의 속도라는 추상 세계에 기반을 둔다.

국제 도량형 총회에서 발행한 자료를 살펴보면, 일반 상대성 효과를 고려하지 않은 채 기본 단위의 개념들을 승인했다는 것을 알 수 있다. 그 대신 길이의 단위를 정의할 때는 특수 상대성, 곧 적어도 수학의 평면적 시공에서는 변하지 않으며 초월할 수 없는 속도의 특성을 고려했다.

그렇다면 길이의 기본 단위나 빛의 속도를 측정하는 과업은 이제 완료된 것일까?

● ● ●

킬로그램원기 질량의 기준을 정하기 위해 1킬로그램에 해당하는 일정량을 보관하고 있으며, 매년 새로 정밀한 측정을 하여 오차를 보정한다.

6

앞으로 빛의 속도를 얼마나 더 연구해야 할까?

현대 과학 이론의 한계는 무엇일까?

지금까지 구했던 측정치들 가운데 가장 정확한 근사치가 추상적인 크기 c로 제정되었다. 실제 세계는 민코프스키가 증명해 낸 기준 속도가 있는 시공간과 다르다. 그러나 순수 추상의 세계인 민코프스키의 시공간에서는 항상 진정한 빛의 속도의 특성을 알아내고자 문제를 제기한다.

우선, 우리가 알고 있는 빛의 속도가 우주 역사에서도 그만한 가치를 가질지가 문제이다. 현재 이 문제는 물리학의 범주에서 실제로 다루어지고 있다기보다는 실속 없는 논의만 반복하고 있는 실정이다.

물리학자들은 모든 방법을 동원해, 전달 방향에 따라 빛의 속도가 변하지 않는지를 실험했다. 그리고 여러 가지 근거를

🍎 들어 **등방성**(等方性)⦿에 약간의 편차를 끌어 낼 수 있었다.

　이미 등방성은 낡은 지식이 되었다. 즉 최소한의 전하는 우주에 분산되고(전자파의 전달 속도는 파장에 달려 있기 때문에 유일한 빛의 속도는 더 이상 존재하지 않게 되었다.) 최소한의 자장은 우주를 이방성(異方性)으로 만들며(방향에 따라 특성이 달라진다.) 최소한의 질량은 우주를 변형시킨다.(질량의 집중이 심화될수록 부분적으로 고른 상태를 유지하지 못한다.) 이런 현상은 고전 전자기학이나 일반 상대성 이론에서 예측할 수 있는 내용이다.

　하지만 이것이 전부가 아니다. 일반 상대성 이론은 자연의 네 가지 힘⦿ 중 하나인 중력에 대해서만 논한다. 일반 상대성
🍎 이론보다 나중에 생긴 **양자 이론**은, 극히 작은 규모의 원자나 핵 등 다른 힘의 영향 아래에 있는 기본 분자들에 대한 역학, 즉 전자기와 원자핵의 상호 작용을 설명한다. 중력은 천체와 같이 우리에게 잘 알려진 사물의 움직임을 지배하지만, 우리의 일상생활이 벌어지는 작은 공간에서는 아무 영향을 끼치지 못

● ● ●

　등방성 공간은 모든 방면에서 성질이 같음을 이르는 말.
　자연의 네 가지 힘 강한 핵력(강력), 약한 핵력(약력), 자기력, 중력이 있다.

한다.

일반 상대성 이론과 양자 이론은 쉽게 어우러지지 않는다. 예전의 전자기학과 고전 역학이 양립할 수 없는 성질 때문에 서로 부딪쳤던 것처럼, 현대 물리학자들 역시 여러 가지 난제들을 해결하기 위해 고민한다. 물리학자들의 이론은 진보하고 있지만, 그들의 노력은 아직 완전한 결실을 맺지 못했다. 현재 사용하고 있거나, 계속 개발하고 있는 더 큰 입자 가속기로도 극복할 수 없는 실험의 한계가 존재하기 때문이다.

그래서 중력과 양자 역학을 양립시키기 위해 개진된 이론들은 특수 상대성 이론, 즉 광속의 등방성을 재검토하게 되었다. 현대의 모든 최첨단 이론을 도입하여 실험 장치의 정밀도를 높인다면, 과연 등방성 문제를 계속 연구해야 할지를 가늠할 수 있을 것이다. 위와 같은 이론들의 물리학적 기원이 무엇이든 간에, 현대의 과학자들은 일반 상대성 이론이 설명하지 못하는 이방성을 연구하고자 노력하면서 마이컬슨과 몰리의 실험을 재시도하고 있다. 1970년대에 비해 실험 장비들의 기능은 향상되었지만, 최근에 발표된 여러 연구 결과들은 여전히 부정적이다.

우리가 진정한 빛의 속도를 영원히 알지 못하게 되는 것은 아닐까?

더 읽어 볼 책들

- 송은영, 『뢰머가 들려주는 광속 이야기』(자음과모음, 2005).
- 송은영, 『사고뭉치 아인슈타인, 빛을 뒤쫓다』(에피소드, 2003).
- 윤혜경, 『드디어 빛이 보인다』(성우, 2001).
- 정완상, 『아인슈타인이 들려주는 상대성 원리 이야기』(자음과모음, 2004).
- 루이스 엡스타인 외, 백윤선 옮김, 『재미있는 물리 여행 2』(김영사, 1988).

논술·구술 시험은 논리적이고 종합적인 사고를 요구한다. 다음에 제시된 문제는 이 책의 주제와 연관이 있는 논술·구술 기출 문제이다. 이 책을 통하여 습득한 과학적 지식과 원리, 입체적이고 논리적인 접근 방식을 활용하여 스스로 문제에 답해 보자.

▶ 빛의 파동성과 입자성에 대해 설명해 보라.

▶ 20세기 초 빛의 파동성으로는 설명할 수 없는 현상들이 관측되었다. 예를 들어 광전 효과가 있는데 이를 설명하기 위해선 빛이 파동이 아니라 입자성을 가져야 한다는 결론에 이르게 되는 이유를 간단히 설명하라. 그리고 입자의 파동성을 나타내는 현상이나 과학 기기의 예를 한 가지만 들어 보시오.

옮긴이 | 김희경

성심여대(현 가톨릭대학교) 불문학과를 졸업했으며, 프랑스 피카르디 대학에서 박사 과정을 수료했다. 현재 전문 번역가로 활동 중이다.

민음 바칼로레아 29

빛의 속도는 어떻게 잴까?

2판 1쇄 펴냄 2021년 3월 30일
2판 5쇄 펴냄 2024년 8월 8일

1판 1쇄 펴냄 2006년 5월 18일
1판 3쇄 펴냄 2013년 9월 19일

지은이 | 장루이 보뱅
감수자 | 곽영직
옮긴이 | 김희경
발행인 | 박근섭
펴낸곳 | ㈜민음인

출판등록 | 2009. 10. 8 (제2009-000273호)
주소 | 06027 서울 강남구 도산대로 1길 62 강남출판문화센터 5층
전화 | 영업부 515-2000 **편집부** 3446-8774 **팩시밀리** 515-2007
홈페이지 | minumin.minumsa.com

도서 파본 등의 이유로 반송이 필요할 경우에는 구매처에서 교환하시고
출판사 교환이 필요할 경우에는 아래 주소로 반송 사유를 적어 도서와 함께 보내주세요.
06027 서울 강남구 도산대로 1길 62 강남출판문화센터 6층 민음인 마케팅부

한국어판 ⓒ (주)민음인, 2006. Printed in Seoul, Korea
ISBN 979 11-5888-791-9 04000
ISBN 979 11-5888-823-7 04000(set)

㈜민음인은 민음사 출판 그룹의 자회사입니다.